JN439772

# 들판을 걷다

이만장 시집

이만장 시집

# 들판을 걷다

지은이 이만장
펴낸이 최명자

펴낸곳 책펴냄열린시
주소 (48932) 부산광역시 중구 동광길 11, 203호
전화 051 464 8716
출판등록번호 제1999-000002호
출판등록일 1991년 2월 4일

인쇄일 2016년 4월 23일
발행일 2016년 4월 25일


값 8,000원

ISBN 978-89-87458-94-6 03810



국립중앙도서관 출판예정도서목록(CIP)

들판을 걷다 : 이만장 시집 / 지은이: 이만장. -- 부산 : 책펴냄열린시, 2016
p. ; cm

ISBN 978-89-87458-94-6 03810 : ₩8000

한국 현대시[韓國 現代詩]

811.7-KDC6
895.715-DDC23 CIP2016008042

## 자서

대보름 날 천수만에서 형망이란 긴 틀로 새조개를 가득 끌어 올리는 풍경을 본적이 있다

이렇게 시를 쓸 수 있다면야 오죽 좋으랴

이목구비耳目口鼻에 느끼는 그림을 가슴에 안고 싶어하는 것이 인간의 본성이지만 그리 쉬이 안기지 않는 것이 현실이 아닌가

아무리 잡으려 몸부림쳐 보지만 볼 수 없는 환상 속에 빠져들어 현실을 잊고 어둠에 먹히는 아픔을 멍히 보고만 있어야 할 때가 많다

시 쓰기에 등이 휘더라도 내 심장을 뜯어내어 시린 발을 덮어줄 헝겊이라도 될 수 있다면야…

이것마저 하나의 욕심이 되지 않을까

조심스러워진다.

2016. 4, 이 만 장

# 들판을 걷다

# 목수

각황전 별빛 부풀어 오르는 처마에
가야금을 연주하는 봉황이 있다
옥황상제가 제수한 것일까
기물로 환생한 화엄일까
눈빛이 녹아 들어
처마 아래 발이 묶인다

소나무가 걸어온 불거진 강물을
범종소리가 다듬는다
진한 옹이 냄새를 세우는
톱날소리 들린다
노고단 숲이 감췄던 하얀 속살에
어두운 기억을 되살린다

꿈길을 적실 물결을 밀어 올리는
뜨거운 대패밥 속마다
열두 줄 무명실에

여인의 손가락 순으로 돋아
뜬구름 신음소리 잠재우고
지금도 몰아치는 선율이 보인다
빛이 들리는
대목이 빚어낸 긴 세월
가야금 산조 휘몰이가 일어선다

# 어둠에 젖다

잠들지 못한 편의점에서 키 큰 견습생이
시린 별을 헤고 있다

저물녘부터 걸어온 발자국을
낯선 얼룩으로 본다면
다가서고 있는
검은 눈초리를 모르리
혀끝으로 보내는 기호를 받아야만
가슴이 가야 할 길이 보인다
거친 벌판을
차가운 몸으로 밀고 나간다
여명이 오기 전 부는 칼바람에
무릎이 찢겨져도
들 억새 사타구니를
흔들림 없이 지나야 한다
찬 이슬 고요가
어둠 속 무거운 흔적을

씻어 내린다

허공에 흩날리는 홀씨와 눈물이
멈춤 신호를 더듬는
풀잎 촉수가 되어
낯익은 빈곤을 안아 주고 있다

# 유전流傳하는 케이팝

율동은 파도를 탄다
붉게 떨어지는 땀방울이
걸어온 발자국을 잊게 한다
하늘이 내린 목소리가 불을 지핀다
캄캄한 길을 열고 있다
바닥에 굳어진 시간을 깎는다
바람개비 손이 허공을 틀어
껍질을 날려버린다
무대 속에서 갓나온 별들이
갈매기 날개 위에서 파도를 넘는다
항구에 닿은 골목길에서
관객의 눈빛에 발이 묶인다

몰려오는 환호성에 뜨거워지는 심장

끓어 오르는 피가 지중해 물빛을 달군다
군중 속 아픈 기억을 다듬어

나비로 조각해 준다
몸을 꺾으며 몰아치는 소리가
올리브 산천을 흔들어
신화 속 메아리로 남을 때
내면의 푸른 등불이
돌아누운 항구를 한 없이 밝히고 있다

# 들판을 걷다

달빛 내리는 평사리 들녘을 부부가 걷고 있다
출렁이는 하늘에 가슴을 열고

탐스럽게 익어 밉살맞은 벼 이삭들이
제 발등을 꼬집는다
'서희와 길상' 앞에 다가가려고
애태우는 용심用心에
황금색 음표가 넘실거린다
간도 감옥에서 돌아와
차가운 땅에 심은
금붓꽃은 활짝 피는데
지리산 능선이 흘린 핏물을
강물이 삼켰던 기억에
두 사람 잡은 손이 떨리고 있다

논두렁에 머리 숙인 오달진 콩꼬투리들이
악양 들판의 허기를 달래기도 하고

한 순간에 앗겨버린 들녘에
뜨고 지는 숱한 철새들
무참히 짓밟힌 여명을 어찌 잊겠는가

가을 풍년에 형제봉 소쩍새 운다
마을당산 굿놀이가 들판을 지난다
칼끝을 땅에 묻은 농부들이
애절한 그 눈빛을 살려
푸른 별이 된 부부송
연곡사에서 흩어지는 범종소리 들으며
들판을 지키고 섰다

# 상처를 보다

딸이 그린 그림을 안고서 눈물을 흘린다
아내가 말없이 가출해버린
발달장애인의 로망이다
두 딸이 아버지 손을 잡고
하늘을 걷는 풍경이다
장애인의 아버지는 불구아들을 살리려
벌어진 눈빛을 잇는
솜씨만 물려 주고 떠났다
홀로 사막을 걸어야 한다
틀어진 발가락으로 모래를 움켜쥐고
오아시스를 가는 틈새를 용접해
절룩거리며 가는 길을 이어가면서
자식들을 학교에 보낸다
찾아간 교실 앞에서 서성이다가
아이들 선생님을 만나자

'내가 사람이 되지 못해 일찍 뵙지 못했다'

몸을 가리는 것을 본 선생이

'울지 말고 힘내세요
 딸들 눈빛이 너무나 맑지 않습니까'

어린 자식의 손을 놓지 못하는
한 장애인이 부르는 허밍에서
사막에 솟구쳐 오르는 푸른 물을 본다

# 뻐꾸기의 눈물

밤새 눈 소복이 내린 동틀 무렵이다
밥 동냥하러 온 뻐꾸기 떠는 목소리 들린다

하얀 햇살을 가린 노여움이었을까
가냘픈 소리가 채 맺기도 전에
눈을 부릅뜬 진돗개가
노파의 종아리를 물었다
비명과 함께 쓰러져 흐느낀다
이빨자국에서 흘러내린 피
흠뻑 젖은 치맛자락
개털을 태워 동여 맨 부은 다리가
검은 눈 속에 채워진
하얀 설음을 넋없이 쪼아댄다

주인아줌마가 안은 노파의 몸이 가볍다
살피지 못함을 비는
"아줌마 용서"에

"살아야 하는 내 야만성을 개가
알아차린 거예요
가녀린 시간을 너무 오래
갉아 먹었지요"

"시원한 물 한 사발만 주시겠습니까"

# 하늘 장마 속에서

먹구름이 산머리를 가려놓고
천상의 바다마저 삼켰다
한 농부가 구름으로 태어나려고
타버린 뼈를 물고 제를 올린다

더는 하늘을 가릴 수 없다는 것을 깨친
검은 구름이
불칼로 번뇌를 찢어 버리자
분출하는 붉은 물들이
천길 벼랑으로 몸을 던진다

일시에 몰아치는 빗줄기의 함성이
허기진 영혼을 깨우는 묘음妙音*이 되어
명부전 앞에서 빗속으로 사라진다
물이 되어 놓아 버리는 것이다
빗물이 몰고 온 법어소리 방울방울
층계 없는 들판을 돈다

곁에 다가온 얼굴을 더듬는다
함께 녹차를 끓여 마시고 싶다

가슴을 감아 돌던 목어가 운다
어느새 강물로 만나
뜬 구름으로 어느 바다에 이를까

장맛비는 아직 내 안에 내리고 있다

*묘음(妙音) : 무어라 말할 수 없이 아름다운 소리나 음악.

# 초록 등불

하늘을 뚫어 적장을 쓰러뜨린 것은
검은 영혼들의 소행이 아니다
짐승으로 몬 적들에게
허공에 칼금을 긋는 싸락눈 같은
맹목이 아닌 당신의 육혈포는
어둠을 깨우려 몸을 던졌다
만주벌판을 향한 붉은 눈을 가리고
그대 서늘한 단지斷指는
맷돌 속에서 핀 매화꽃이러니

누가 꽃을 꺾을 수 있으랴

하얼빈 플랫폼이 무너지는 총성에
불타는 벚꽃은 떨어져 날리고
뜨거운 가슴이 남긴 눈물
푸른 인동초가 앙금을 풀었다

벽을 녹인 빛으로 하얀 먹을 갈아
감옥을 벗어난 글을 쓴다
약지가 잘린 검은 손바닥으로
영원을 위한 한 소멸을 찍고
천 년 초록빛으로 걸어가고 있다

# 무궁화를 심다

안개 속에 핀
쪽빛 꽃가지에 앉은 큰 물새가
아리랑을 높여 부른다
비바람 속에 꽃을 물고
강물을 지켜온 눈빛이 있어
시들지 않는 백일홍
새벽이 오는 동구 밖
이슬 머금은 봉긋한 얼굴 속에는
먼 길을 걸어온 아픈 흔적을
침묵으로 불사르는 꽃,
단아한 그 자태를
자수면포에까지 새기게 한
간절한 손끝을
누가 있어 꺾을 수 있으랴

장락산 기슭에서 근화槿花를 껴안고
한평생 통곡하신

'한서 남궁억'
맥이 뛰는 유언을 본다

"내가 죽거든
무덤을 만들지 말고
별 나무 곁에 묻어
거름이 되게 하라"

# 길 위에 서다

하늘을 내려온 길이 돌이 된 시간을 삼켜버리고
다답마을 작은 구멍 속으로
햇살을 길에 세운다

섬진강을 붉게 물들이는 매화꽃이
백운산을 향해 외친다
핏물을, 흩날리는 춘설이 무심코 덮는다 해도
설움에 찬 뜨거운 눈물이
불꽃으로 피게 된다고…
빛이 가는 새 길이 열린다
불빛을 일으키다가도 감춰 버린 어둠이 있다
그러나 신神이 잉태한 길 속에서
토해낸 가벼운 음표가
낙화 속에 무거운 길을 만든다

푸른 지조로 텅 빈 근육을 만들어낸
대나무를 보라

샛바람이 매화를 못살게 흔들어
몸 줄기를 견고하게 만들고 있지 않은가

길은 덧대는 영혼 길을 만드는 것을

# 구름을 잡다

길 잃은 새들이 꿈을 열어 가는 새벽이다
어둠을 뚫고 공중에 띄우고 있는 몸
끝없이 나래짓하는 갈증이
동녘을 더 붉게 물들인다

별빛을 안고 팔색조가 된 작은 새가
꽃구름 속에 날아든다
입에 물린 푸른빛을 심으려고
날개를 펴는 순간
뭇 구름들은 사라지고

무지개 꿈을 물빛으로 싹 틔운다는 것은
하늘이 외우는 기도문이란 것을
누가 부정하랴
뭉개구름 속에 유영하고 있는
무수한 짐승들
새들이 짓이긴 발자국이

닿을 곳 없는 하늘에 남아
내가 걸어갈 꽃길을 그리고 있다

# 닭 울음소리

어둠이 길을 잃어 젖은 등을 기댄
강변 외딴집 처마 밑에서
새벽을 향해 외치는
닭 울음소리가 들린다
목청을 찢어가며
밤바람을 흔들어 보지만
깊은 파동을 엮지 못한
붉은 볏 시울이 퍼렇게 떨고 있다

여명을 두드리고 다니다 지친 얼굴이
침묵으로 시간을 달랜다
달무리 속에서 강물을 달래던
목어 소리가
잠 깬 눈동자를 또 흔든다

하늘에 올리는 서고誓告
먹구름을 태워버려야 한다

물방아에 이명을 찧어라
산을 안고 누운 별을 깨워
눈 덮인 징검다리를 건널 수 있게
한 빛을 밀어 올려야 한다

# 새가 되다

구름을 벗어나는 학이
깊은 하늘을 보고
절벽 없는 새 꿈을 꾼다

"마음껏 춤을 추도록 허락한 아테나*가
여기에 있었다니!
더 이상 바라지도 않아요
별들이 뿌려 놓은
푸른 은하수만 걸을래요"

발자국소리에 익숙한 표정이란
갈 길 마저 쉽지 않다
소나무 가지에 걸터앉은
황새에게 물었지
어울려 날아갈 수 있는
하늘 길을 열어달라고,
날 수 있으려면

깊이 잠든 나비 꿈을
깨우지 말아야지
가슴에 맺힌 무거운 멍울들을
태워 버리고
어두운 허공을 밀고 갈
날개를 세운다면
은하수를 찾아가는 길이 보인다고

*아테나 : 그리스 신화에 나오는 지혜의 여신.

# 비를 맞다

빗속에서 검은 우주를 등에 지고
혀끝으로
논을 매는 흑와달팽이

몸을 추슬러 늘렸다 당겨가면서
길게 그어진 숨길이
농부가 가고 있는 들녘이다

햇살에 검게 타버린 등껍질 속은
가슴에 황토 물을 안고
핏물에 젖은 속옷
이끼 낀 곡선은 마를 날이 없다

들숨만으로 또 먼 길을 낸다

이빨자국이 여울물에 지워진다
두려움 없이 물러서지 않는

뻘을 쓴 행진에
맨발이 흔들린다 한들
입술이 흘린 타액이 있어
푸른 들판이 끝없이 출렁인다

# 갈대밭에서

순천만 갯벌을 물고 있는 갈대밭에
끝없이 달빛이 내린다

굽어보던 낯익은 인연이
속울음을 들었을까?

흔들리는 바람의 손을 마주잡고
아련한 기억을 달래는데

한 번도 돌아보지 않고 지나간
높새바람이 사라진 길
나무데크 그림자 아래
바지락, 꼬막, 낙지 함성에
뻘이 뚫린 구멍
뜨거운 꿈결이 터져 오른다

더욱 붉어진 달빛 속에

하늘로 올라
금빛 영혼이 된 갯벌을
잊지 못한 새가
먼 지평을 밝히고
푸른 갈대 숲에서 몸을 씻고 있다

# 늙은 쌍봉낙타

머리채 풀린 모래바람을 혼자 수직으로 안고서
고비사막 먼 길을 걸어왔기에
투박해진 두 다리를 본다

누구도 근접할 수 없는 용오름 속에서
신기루를 눈에 넣지 않으려고
불새처럼 날지 않았다

땡볕 속에 몸 곧추세워 넘는 언덕에
검은 모래가 길을 내어 준다

푸른 꿈을 더듬는 반야의 두 혹이
불쑥 칭얼거린다
억만년간 먹어온 가시나무
물 마르는 소리에는
귀를 열고 있다

속 눈썹을 흔드는 초원의 오아시스가
하늘 끝에 있어
주름진 흔적을 삭혀 버리고
노을에 물든 꿈길을
고단하게 걸어 가고 있다

# 달리는 네온사인

무지개빛 반딧불이가 투명한 이마를 물고
회색도로를 질주하며
토해낸 핏물로 숫자를 그린다

"3299"(삶이구구)

내가 가야 할 노선이다
눈 깜박이는 순간
빨강 초록 노랑 보라색으로 문자가 뜬다

"북창마을　　　　　　남산동"
서동고개

몸 돌아갈 집이 보인다
가면의 눈빛들이 짙은 안개 속에 녹아 버린
멀미하는 언덕길에
둥근 네온사인이 다가와

더 멀리 비추려
몸을 태우고 있는데

잠시 꿈속을 헤매온 청춘의 맥박이
황홀한 빛을 본다
뿜어 나오는 적혈구를 물고
먼 길을 찾아 나선다

# 잡초

식물도감에 이름이 있다는 것도 모르고
여태껏 살아왔다
능선을 버리고
가혹한 벌판에서 복종한다는 것은
혈통만은 잇겠다는 것이다

뱉어낸 단내음에는
뼈 속 같은 비릿한 영혼이 출렁인다
몰아치는 광풍 속에서도
별빛을 머금은 이슬로
클로버가 엉키는 풀밭을 만든다
들짐승의 올찬 허기에
몸을 내어 주고
솟아오르는 태양과 눈을 맞춘다

실바람에도 가늘게 흔들리고 있는
참까치깨 머리에

나비잠자리 한 마리 앉아
햇살에 비친 잎새 상흔을 엿보려
눈빛을 꽂는다
풀잎은 그의 흔적을
아무도 열 수 없게
속살의 비밀을 감추고
턱없이 그 아픔을 계절 앞에 던진다

# 벽

십일월 밤비 쏟아지는 아스팔트길을
허물거리는 벽이 걷고 있다
벙어리인 척 말이 없고
웃는 표정엔 걸어온 길이 이글거린다
멈춰 서버린 붉은 신호등과
눈을 맞추고서도
서로 이마와 입술이 부딪힌다
만신창이가 된 몸이
요양병원병실에 가득하다
피부만 꿰맨 그림자 없는 앙금은
부은 발등을 끌고 병원을 빠져 나온다
축축한 눈빛과 눈살의 응시가
포효하는 하이에나다
벽은 강변으로 달려 나온다
징검다리 위 발톱을 세운 난투극에
물속 수양버들잎이 붉게 무늬 져
상처가 보이지 않는다

모두를 함몰시키고 있다
실루엣 같은 검은 눈살을 뽑아내
문을 열어야 한다
푸른빛을 나눌 수 있게
돌 같이 굳어진 심장을 녹여야 한다

# 안경을 닦다

가을 하늘을 온 종일 눈 속에 채우다 보면
무심코, 감나무에 달린 홍시까지
먹칠이 되어 익어간다
먹장구름 낀 안경 때문이다
산사를 적시는 약수로
두 눈방울을 헹구어보지만
씻기지 않는 가시거리가 어둡기만 하다

착색된 안경을 비누로 닦고 있지만
가슴이 터질 듯하다
물소리에 젖은 법당에서
흘러나오는 침묵이
뒤틀린 어둠을 치료 하고 있다
무지개빛 물무늬가
안경을 찾는다

이제 걸어갈 길을 바로 세운 눈빛이

늙은 마애불로 서 있다
기도문이 빗줄기를 물고와
흩날리는 먼지를 일시에 잠재우고
산사를 일깨우는 바람을
깊게 불어내니
땟국에 침전되었던 안경이 나를 본다

# 옥상에 정원을 만들다

갓 태어난 아들 첫울음소리가 적패積敗를 깨우는
범종소리였지
첫 칠일도 못 넘긴 몸을 이끌고
비탈진 묵정밭에 올라
통증을 잊은 채 꽃씨를 뿌리고 있었지
부어 오른 가슴에서 생젓이 흐른다
옹알이하는 눈망울이 환상을 부른다
거센 바람을 밀어내고
강물을 단숨에 건네게 했지

젖을 빨던 입술이 마르기가 바쁘게
천사가 된 아들
사구를 넘기도 전에 붉은 영상만 남기고
살기 띈 눈빛 앞에서
떨어져 버린 머리
뜨거운 모래가 핏물을 삼킨다

어머니가 눈물로 남긴 말

"자신의 슬픔이 증오의 사슬을 만드는 것을 원치 않는다"

삭은 울분이 가슴을 달래는 장미향이 되어
사막의 포성을 덮는다
벌판에 내리는 작은 이슬도
떨어짐을 위해 하늘로 오르는 것
어머니의 푸른 초혼가가
높은 옥상에 벌 나비를 불러 들인다

# 제주 휘파람새

핏물이 굳어진 검은 날개로 산을 녹여 내어
푸른 영혼들을 품속에 껴안으려
살풀이하는 휘파람새

입맞춤하는 도린곁 숲 속에 들어
가늘게 떨어지는 이끼폭포에
몸을 적신다
신이 내린 은밀한 햇살
돌매화꽃 바위떡풀들의 숨소리를
가슴 속 깊이 깨운다

큰 모성을 쏟아내려는가

흔적 없이 공중에 떠올라 숲 속을 투시한다
어미 잃은 두견새를 본 갈색조가
자기 새끼인양 먹이를 물고
둥지를 찾아 제 보다 큰

두견새끼 입에 넣어준다
부처꽃이 된 휘파람새가
제주 혼을 안고
하늘 은하수를 향해 날아 오른다

# 바다에 가다

큰 날개를 슬그머니 접어 버린 바다는
천수관음보살상이다
흉내 낼 수 없는 부드러운 눈빛에
칼바람도 비껴간다

하늘이 내려와 먼저 누운 자리에
별빛이 출렁인다
시지프스에 빠진 이곳에서
무릎이 반짝인다
바다 위 검은 구름을 안고
천수경을 외우는 갈매기 소리에
아픈 내 상처를 풀어낸다
숨이 차도록 걸어온 질퍽한 눈빛이
바다 위를 걷는다
흐르는 물을 붙들어야 하는
알몸들을 들여다보고
시간이 둥지로 돌아간다

끝없이 주고 있는 바다 사랑에
돌고래가 허공을 흔들어 날아 간다

# 의자

석굴암 일주문 곁에 나무의자가 있다
별을 따겠다는 꿈망울이
간절하게 앉아 있다
침묵이 가라앉은 절간 앞에서
부처님 그림자를 피해 앉은
여린 다리가 기다림에 뼈를 태운다
토함산 고샅길 따라 들리는
늙은 보살들이 몰아쉬는 깊은 숨소리에
저토록 잠 못 들어 충혈된 관절인데
밤이슬에도 버티다니
짓눌린 해탈의 몸이지만
하늘을 넘보지 않으려
언제나 눈을 감고 짙은 어둠을 앉힌다
그래도 범종소리 귓전에 쉬어가고
하늘 바람이 옷깃을 흔들지 않은가
비탈진 세상 속으로 사랑을 던진다
주어진 길을 버리지 못한 한 의자가

# 채화採花

뒤 안에서 푸른 눈빛을 태우고 있는
저 요염妖艶한 목단화

이슬 머금은 슬픈 아름다움이
그리움에 젖은 나를 눈물짓게 하는가
검은 바람이 찢어버릴 듯 줄기를 흔든다
다가설수록 귀엽다 밉기까지 한
떨어내지 못한 애증에
풀기를 주체 못하는 손길이
쉽게 떠날 눈빛이 아니다

꺾인 허리를 숨겨 버린 꽃잎이
노란 꽃술을 흘겨 본다
닿지 못할 하늘의 빛이여
불볕을 만나기 전에
나비가 찾아 들 방 한 켠에
걸어 두려 마음먹는 내 눈이다

# 바람에게

흔들리던 나뭇가지를 품던 내 눈빛이
역린逆鱗에 걸린 물무늬로
몸이 떨린다

소낙비와 함께 걸어 나온 맨발은
누워있는 유령이다
성난 발톱이 바다에 닿으면
칼춤으로 밀고 나간다
치솟는 용오름에
태초의 바다가 벼랑 앞에 선다

쓰러뜨린 흔적을 모른 척
먹구름 터진 틈새로 햇살이 들면
신神이 만든 끼를 버리지 못한다
굽어간 유채 밭 돌담을
실바람으로 살갑게 흔든다
골절의 상처를 삭이고

엷은 손 모아 오체투지한다

별을 향해 돌아앉은 당신 옷깃에
숨죽이고 우는 저어새 눈빛을
비가로 새기고 싶다

# 녹차綠茶의 가슴을 보다

태반을 열고 새벽을 깨운다
별과 옹알이 하는 작설차 눈빛이
비탈진 산골을 덮는다

연두빛 눈을 꺾는 아낙네들이
움켜쥔 봄빛을 뿌리며
茶잎을 덖는다
창 끝 하나가 앗기는 순간이다
머리에 남겨진 손자국이
채 아물기도 전에
장작불 가마솥에서 맛들임 하는데
눈이 무너지다 못해 시린 연민에
가슴이 젖는다

차茶 맛은 하늘이 내린 길로 걷고 있다

눈물 떨군 손으로 비벼 내었기에

인고의 구증구포*를 지나
아무 상처 없이 몸만 줄이고
긴 터널을 넘었다
흔들리면서 하늘에 닿아
그윽한 빛으로 빚어낸
가녀린 나뭇잎이
찻잔 속에 산을 담고 날아간다

*구증구포(九蒸九曝) : 한약제를 만들 때 찌고 말리기를 아홉 번 하는 일

# 별똥

지금 깊은 하늘을 조용히 쳐다보면
몸을 깨우는 별이 있다
별이 된 푸른 꿈이
밤하늘 눈빛 속으로 잠기는데

빛을 찾아 아찔한 우듬지에 오른
숲 속의 별들이
밤새 이슬에 참지 못한 추위는
뼈를 녹인 별똥이 된다

풀잎의 눈물을 닦아주고
고여 있는 어둠에
따스한 빛을 나누어야
촛불 같은 눈빛이 될 수 있으련만

간극을 지우지 못해
눈빛을 서로 외면하고 있는가

갈 곳 잃은 별빛이
피아골 뒷간으로 급히 떨어지며
핏물로 한 획을 긋는다

# 갈대

낙동강 하구언에 발자국 찍으니
먼저와 기다리는 가을이
눈빛 부시다
서릿바람에 혈색을 버린 잎새들
떨어지는 노을 빛 속으로
마지막 하얀 꽃씨를 날린다

잃어버린 시간을 찾을 듯이
이빨을 굳게 물고
바람을 쫓아가다 엎드린
긴 머리 결이 용오름을 만들어
별에 닿을 듯 뛰어오른다

햇살과 함께 동그랗게 나뒹굴다
강줄기 일어나는 어지러움에
몸을 가누지 못한다
눈빛만은 꺾이지 않으려는

견고한 몸부림
꺾일 듯한 아우성이
들짐승의 포효가 되어
먼 강물까지 지켜 주고 있다

# 금정산의 봄

파류봉의 높은 귓볼이 꽃샘바람에
아직 떨고 있다
낙동강을 굽어보던 눈빛은
봄비에 젖어
에메랄드를 그린다

여름 가을 겨울 모두 삭혀 먹은
마른 잎새 무게에도
시린 자리 마다 않고
침묵으로 버티어온 바위산이
어깨를 추슬러
노란 잎새를 밀어 올린다

타오르는 연두빛 운무를 누가 거부하랴

견고한 유전자가 흐르는 범어물빛이
산천을 덮는다

흩날리는 진한 향내가
골을 깨운다
절벽을 딛고 피어난 진달래꽃이
닫힌 가슴을 열리게 한다
북문을 돌아오는
순례자의 차가운 눈매가
한 곳에 모인다
부드럽고 깊은 봄색을 보고 있다

# 견고해지는 바닥

하늘에 뿌릴 수 있는 투명한 침 일지라도
함부로 뱉지 마라

어디에 떨어지겠는가

미끄러지는 육신을 받치려
어둠을 되새김질하는
지렁이를 짓밟아

왕궁이라도 짓겠다는 것인가

칼보다 무섭게 내리긋는 검은 타액에
이마가 패이고
발에 핏물이 흘러도

앙시앵레짐*의 이글거리는 눈빛을
헐어터진 제 가슴으로 삭혀

뼈 속에 붙이다니…

한 식솔이 된 영혼들이
지난 기억을 지우려
별빛 속을 걸으며
한 시절 내려앉은 눈 속 먼지를
씻고 또 씻는다

*앙시앵레짐 : 1789년 프랑스 혁명 전의 절대 군주

# 노을에 머문 시간

빅뱅을 물고 거친 벌판을 달려온 하얀 빛이
산을 넘는다
타고 있는 심장을 뒤집어쓰고 있다
깨문 입술에 립스틱 짙게 뜨고
구름과 입술을 나눈다

연꽃이 된 구름 속으로 빛이 숨어 들어
틈새로 배어내는 잔잔한 여진이
강물 위에서 출렁인다
길게 누운 꽃잎 반딧불이가
꽃물에 젖어 들고 있는 여울이던가
강바람 따라 나래를 편다

잎 떨어진 감나무 가지에 걸린
보름달 붉은 동이감 이마에
물든 가을바람이 감긴다
고요에도 흔들리는 눈빛을 지키려고

걸어온 흔적을 숨긴 채
그저 멀리서 보고만 있어 달라고
어둠에 드는 빛을 젓는다

기러기 한 마리 강물 속으로 날아가며
노을을 물고 간다

# 녹차를 마시다

동해 속 물고기가 만어사萬魚寺에 올라
스님과 녹차를 끓인다
끓는 물 속에서 부드럽게 유영하는
찻잎이 푸른 별빛이다
손을 잡지 못하는 안타까움에
돌아눕기를 수천 번
불경에 심취한 어산불영도
다완 앞에서는 옷깃을 여민다

하늘이 내린 본성은
모진바람에도 굴 하지 않는 산죽이다
몸 안의 비단을 뽑아내려
너무나 긴 불 속을 걸어 왔어도
하늘에 진 빚은 없다
오히려 별빛이
부처 속을 날아 다닐 수 있도록
순한 물빛에 발을 넣는다

차향에 눈을 뜬 석어石魚들이
찻잔 속에 젖은 비늘을 채워
적요하게 피어오르는 범종소리로
몸을 말린다

# 꿈에 엮인 카메라

화살 같은 네 눈빛이 깊은 어둠 속을 파고들어
울지 않는 기자가 된다
사람 사이
절벽을 허문다
잃어버린 초점으로 건져 올린 사진 한 장
푸른 언어로 잉태하여
심장밖에 장르를 세우느니…

# 하늘조경

짙푸른 허공에 별을 심는 영혼들이
구름 위에서 서성인다
물빛을 밟고 있으면서도
타 들어가는 숨결을 버텨야 했다
구름이 더 높아지면
눈빛이 잠기지 않으려
머리털을 하늘로 치켜세웠지
눈물로 걸어온 발자국이란
언제나 입술을 떨게 했다

하늘을 붉게 물들이는 노을 속에
하얀 이끼를 걷어내고
푸른 잔디를 심어 가꾸고
바람을 절단하여
정원 속에 구름나무 안아 세울 때
물새가 가지에 앉는 순간을
끝끝내 기다리고 있을 손이다

# 기도하는 식탁

제비물떼새 날아오르는 강변
푸른 들판이 사각 틀에 어린다
활주로같이 하늘을 받드는
등마루가 기도하는 어미 새다
하루가 무사하기를…
무릎 꿇은 침묵이 허공에 떠
피안의 꿈을 꾸고 있다
네 혼魂을 깨우려 달렸지만
마르지 않는 손이
가 닿지 않는 꿈
맨발로 절벽을 넘어야 하고
찢겨진 날개가 노을과 함께
네 눈빛 속으로 날아들어
몸을 흔들던
제비물떼새 새끼 한 마리가
아직 먹이를 찾지 못해
강가에 서성이고

너는 뜨거운 입김을 불어
남김없이 눈에 태워
천리 밖을 보고 있지 않은가
어미 새는
기도를 끝내지 못하고…

# 자유

입술이 뱉어낸 복숭아 씨앗이
어둠 속에서 바위껍질을 부순다
터져 나는 함성에 땅이 열리고
빙하가 녹아 내린다

강 언덕을 날던 철새 한 쌍이
푸른 가지에 기둥을 세우고
출렁이는 둥지를 튼다
알을 품던 부리 앞에
등불 같은 복숭아열매 눈 속에 태워
가장 황홀한 정원을 만든다
날개 안에 하늘을 품고 별을 낳는다
입술이 뱉은 씨앗이 햇빛 속에서
바다를 향해 새를 날린다

# 생존

노란 발을 푸른 물속에 깊이 숨기고
풀잎에 맺힌 이슬을 눈에 나누어
하늘 가슴을 키운다
어미 품에서 갓 떠나온 물오리다
물살 깊은 물금나루 건널 땐 여럿이 한 몸이다
나아가며 부챗살을 그리는
어깨동무도 잠시
달빛 이는 물 비늘에 별빛은 가려지고
개울 속 피라미만 쫓는 먹이 다툼에
눈 먼 형제들 독수리발톱에 채여
물안개 속으로 남는 붉은 비명
대숲에서 피어나는 망태버섯처럼
허물어진 그림자가 남긴
한 몸이 된 푸른 바다가
터져 오르는 태양과 입맞춤한다

# 견고한 관계

활짝 열린 대해 같은 마당 한 켠 구석에는
잡초 속에 핀 들국화가
떠난 마님을 잊지 못해 고개 숙이고
쫓겨온 돌개바람에
보채기만 했던 기저귀가 날아오고
눌어 버린 밥알이 날아와
굽은 혀끝에서 바둥거리고
내 품을 벗어난 천길 벼랑이 보인다 한들
초점 잃은 방종만은 허락 않는
견고한 눈빛이
화살촉에 꽂히어
하늘에 묵도한다

씨 간장 삭혀가는 초가 우물가 장독대에
어머님 손등 그림자 그리는 햇살이
잠든 구름을 헤집고 남몰래 내려와
속삭이는 천사이다

적요를 흔들어 허전한 내 가슴을 달랜다
포근한 툇마루는 하얀 미소로
창 없는 과녁이 되어
응시하는 눈동자가 너무나 그윽하다
갈 길이 없어진다 해도
강물을 뛰어 넘을 욕심도 없이
속을 비운 항아리
산 능선을 넘어 물길 돌아 바람과 걷다가
지치면 쉬어가는 집이었는데

# 눈물 흘리는 소녀상

그믐달을 쳐다 보고 담을 잡고 통곡하다가
소녀상이 되었다
그 기억이 너무나 아프기에
발뒤꿈치가 들린 채 앉아 있다

무기창고에 매달린 녹 쓴 칼자루가
울며 끌려가는 꽃봉오리들을
멍하니 보고만 있었다니

"내 육신을 어찌 하라고
 짐승들이 이빨을 갈고 있는
 동굴 속에 버렸나이까"

전쟁의 앞잡이들이 갈증을 푸는
물 한 모금에 불과했으니
팔다리가 무참히 찢겨져야 했다
차라리 밭갈이 하는

농부의 황소로 태어날 것을…

그래도 하늘로 이어진 고향을 그리며
올올이 무뎌진 몸이지만
아리랑을 불렀다
더욱 선명해진 네 등뒤의 흔적이
무거운 돌이 된 형상에
'파란곡절의 근대사' 란 말로
멍든 가슴을 달래본다
눈썹을 감추고 있는 소녀상에게

# 전화를 받다

침묵을 두드리는 벨 소리가 아픔이 깊기 전에
얼른 수화기를 들었다
달빛을 안고 달려온 제수씨다
안테나에 숨어들어
말을 하고 있다
애절한 음성에 귀가 열린다

"얼마 전 이사한 주소 알려달라고 엊그제
 메시지 보내드렸는데 받으셨는지요"

"불볕복숭아 밭에서 보낸 문자라서
 내 스마폰이 알아차리고
 모든 기억을 지워버린 것 같아요"

"변명으로 밖에 들리지 않습니다
 지난해에 보낸 복숭아가
 흠이 많았다는 것 아니겠습니까?"

"그것은 오해입니다
 동생에게 안부 전해주세요"

복숭아 땡볕 밭에서 녹여버린 손끝이
멀리까지 낮아져 강물에 보인다

# 밥의 변죽

나뭇가지에 걸려 벌판을 흔들던 푸른 이삭이
볕살 속에서 익어간다
온 몸을 벗겨 내어 뼈를 이루도록
밥이 되는 순간이다

손이 닿지 않아 떨어져 내리는 낱알은
투명한 강물로 흐른다
어머님이 지으신 밥은
짐승들 잠자는 차가운 벌판에 뿌려져
고수레 밥이 되었다

봉상奉嘗*때 올리는 멧밥으로
어두운 기억을 지우시라고
숟가락을 세워 꽂는다
촛불 앞에 현현하신 어머님
표정도 없이 내 눈빛을 피한다
서로의 깊은 상실은 촛불로 태우고

남은 사랑은 향기로 피운다

평생 맺힌 한을 토해버려야 밥이 되는 것을
일러주시고
소지燒紙를 타고 홀연히 떠나셨다

*봉상(奉嘗) : 새 곡식을 올려 제사를 지냄

# 메신저 가방

서낭당나무를 끌어안은 참매미가
짙은 울음소리 뽑는 초복 날이다

마사언덕을 향해 자전거를 끌며
묵묵히 오르는 젊은 우체부
땀에 젖은 옷자락에서
떨어지는 물방울
푸른 아랫마을이 보이자
편지 받아줄 손이 온다
소식들이 꿈틀거린다
자식 기다리다 목마른
어머니가 있고
남편 기다림에
고갯길에서 돌이 된 여인
허공을 날아 가는 기러기 날개에
붉게 스치는 절규
가방 속에 메시지가 날아든다

우체부는 가방 속에서
하얀 햇살을 꺼내
하늘에다 깊이 걸어 두었다

# 집

몸은 붉은 꿈빛이 출렁이는 호수다

눈 녹은 물이 골짜기를 깨우자
기다린 듯
산이 물에 잠긴다
눈 감으면 영상이 물에 뜬다
깨진다
달린다
상처를 다독인다
몸부림치는 불면이
숨을 몰아쉬고
물속에 숨어 묘목을 키운다

호숫가 대숲을 쓸며
푸르름을 허밍하는 바람 결에서
솟아오른 죽순처럼
꿈 마디가 소리 없이 자란다

걸어온 싹들이 만나면
하늘을 우러러
크고 작은 문이 열린다

짧어진 긴 시간을 불태운다
파문 진 호수에
피어나는 물안개가 무릉을 연다

# 달뜨는 우각호牛角湖

산 그림자 잠긴 호수에서
보름달이 떠오르고 있다

오대산 비로봉 몰래 낙엽 깊숙이 몸을 숨기고
절벽에 홀로선 솔뿌리 달래는 물방울이다

동해로 굽이치는 모래내 차가운 물빛이
지친 발을 호수에 담그자
경포대의 별빛이 손짓하고 있다

이어온 작은 촛불을 쉬이 놓지 못하고
한 길을 걸어 아침에 당도했다

프랑스 '마카롱'*보다 맛있는 과자를 만들기 위해
긴 시간 물빛을 태워 명인이 된 여인이
'고시볼'*을 탄생시킨다
오색 둥근 발효한과를 차려놓고

영혼을 하늘 높이 모신다

빛나는 일탈을 보듬고 삭혀
먼 수평선을 날 수 있게 붉은 깃털을 달아준
고수레 미소 짓는 얼굴에
바다 건너 입술이 넋을 잃었다

*마카롱 : 프랑스를 대표하는 전통과자.
*고시볼 : 고수레 우리말과 둥글다는 영어의 합성어로 교동한과의 브랜드임.

# 섬

파도가 오래 쌓은 푸른 벽이다
달빛을 안고 있는 작은 몸
눈물로 노래하는 바다에
멀어 지고 싶다

파도를 타고 놀던 물개들이
몽돌이 된 바위에 올라
몸을 말리고
샛바람에 쫓겨 날던 괭이갈매기가
등대가 된
굽은 동백나무 가지에 앉아
갈 길을 잊는다
이슬 젖은 벼랑 끝에
둥근 햇살이 뜬다
갯벌을 뒤척이는 망둥이도
텃밭을 놓지 못하는데
이제야 배운다

바지락, 쏙도 즐겁게 몸 숨겨
눈물로 침묵한다는 것을…

# 엄숙한 애인의 뿔
## -피라칸사스

이른 아침 아파트 베란다 열린 창문 앞에
자리를 만들고
물 한 방울로 네 갈증을 풀어낸다
청산 같은 저고리를 걸친 너는
목마른 몸을 지키려
수평으로 가시를 세웠기에
눈 바람도 피해가는가
달 뜨는 밤이면
붉은 사랑에 밤을 지샌다
이제 너는 여기 없다
심장수술을 한 아내 곁을 지키는 사이
오죽 목이 탔으면
푸른 얼굴이 주름질 시간도 없이
뜬 눈으로 멀리 달아났는가

마른 화분에 두 손을 얹는다
굳어진 뿌리에 물 한 모금 적신다

잎 떨어져나간 줄기에서
새 싹이 솟아 오른다
이제 깨닫는다
네 타는 기다림이 얼마나 길었는지

# 대왕암

기둥은 부서지고 흔적만 남은 터에
붉게 터져 오르는 잔디가
곤룡포에 스친 상처인가
물밑에서도 강산을 잊지 못해
면류관을 벗어 던지고
검은 물에 몸을 던져
바다의 지킴이가 된
대왕의 자태가 초연하다

아직도 대종천을 스치는 바람은
종소리로 울고 있는 떨림이다

대숲까지도 죽은 듯 적요하다
바다를 비울 수 없는 몸
물에 들기가 바쁘다
수평선을 일으켜 세우는 대왕암
저 날카로운 눈빛

독도가 흘리는 눈물에
동해허리를 돌고 돈다
동해 경계선에 닿자
물기둥으로 솟는 뜨거운 칼날이
떠도는 흰 구름을 벤다

# 흰 찻잔

탯줄이 준 물방울마저 털어버리고
돌부처가 되기 위해
불칼을 돌리는 가마에
온 몸을 던진다
수천 번 덖고 뒤집혀도
푸른빛을 잃지 않는 참새 혀끝에
넋을 잃은 하동백토가
불길을 찾아 나선다

장작불 속으로 걸어 들어가
피 말리는 수행에 든다
피안의 꽃불만 이글거릴 뿐
티끌 하나 머물 수 없는
무아경이다
유약으로 하늘을 얻은 양
어깨 높이고 나온 네가
숨죽이고 다반 위에 올라

탑신을 이룬다
구륜九輪*을 돌아 보듬는
우전의 천성天性을
온 몸으로 품고 있는 찻잔 속에
박이별*이 출렁인다

*구륜(九輪) : 불탑 꼭대기의 수연(水煙) 바로 밑에 있는 청동으로 만든 아홉 층의 원륜(圓輪)
*박 이 별 : 북두칠성. 고유 우리말

# 광화문 광장

오백 년 별빛 내리는 큰 광장에
세종대왕 앉으신 높은 좌대 앞에서
떨리고 있는 등을 밟은 함성이
어둠을 깨운다
횃불을 들고
무엇을 찾으려는 몸부림인가

불러낼 수 없는 빛을 찾으려는가
눈을 밝힐 혈맥을 보았는가
씨앗을 심겠다는 것인지
싹이 트고 있는 촛불에
가지를 붙이려는가
반도를 헤치고 달려온 바람들이
땅을 치며 울분을 터트린다

먹구름 속에 숨어든 꿈 망울을
눈에 넣으려는 간절한 촛불들이

암전되는 순간
침묵마저 풀어낸 광장이
아직 닿지 않은 별빛을 기다리는
바다로 바다로 가고 있다

# 안내견

쏟아지는 검은 눈보라에 앞이 가린 밤
광화문광장 앞 건널목이다
시리도록 뜨거워진 네 눈이
빨간 불이 켜지기 전에 흰 능선을 넘어
손짓하던 불빛에 스며든다
손잡이 끈을 잡은 맹인이
눈동자에 빛이 고인 듯 고개를 세우고
가뿐히 따라간다

광장 탑 시계는 자정에 도착한다
맹인을 뒤따르는 내가
쌓인 눈길에 휘청거리는 사이
한 몸이 되어 멀어져 가는 꼬리를 본다
너는 무슨 업이 그토록 무거워
차가운 별빛을 지고
밤길을 끝없이 걷고 있는가
신호등이 막힌 땅이 넘어지기 전에

은하수 곁에 살고 싶어
네 가는 길을 멈추지 못하는가

네 초침은 지금도 어두운 건널목에서
신호를 맞추고 있다

# 황산강 뱃노래

일탈이었음을 깨달은 강물의 눈빛이
살같이 지나온 발자국을
떠먹기 위해
늘어진 몸을 달래며 노를 젓는다

"에야 누야 누야
 에야 누야 누
 어기 여차"

메기고 받기를 수없이 반복하여
뼈 속 설음을 날려버린다
아직 나를 비추는 달빛이 있어
하늘로 저어가는 가락에
몸을 던져 여울지는 산 그림자

"어기여차
 노를 저어라

달맞이 가잔다”

늘 반복되는 리듬에
떨어져 있는 얼굴들이 낯설지 않다
별이 다가와
기다리던 님이 되어준다
내 영혼이 꿈꾸던
피안의 요람이
강물 속 여기라고 말했는가

뱃노래에 꿈이 깬 하얀 별빛이
잠든 강물을 저어간다

# 텃밭에서

절룩거리며 길 나서 길 찾는 동호인들이여
포물선 비행기 흰 꼬리 길어도
애타는 표정 털어버리고
싸리문 밖 텃밭 세상으로 가보자

고랑으로 흘러 두텁게 누운 햇살에
달아오른 탯줄이 바위를 가르고
붉게 굳어진 어둠을 밭갈이 하여
달을 밀어 올린 지렁이가 있지 않은가
지금도 땅 속 정적을 밟고
꿈틀거리며 한 줄 밀어가 되어
발톱 세운 다리로 우주를 걷는다
해탈에 간절한 탑을 본다
시간을 등에 진 지네가
흙에 노를 저어 순간을 지우고 있다니

# 모자

햇살 늘어진 오솔길에서 나는 머뭇거린다
산 중턱에 걸린 절간이 그대인 것을
서로가 애타게 기다린 듯
먼 손이 맞닿아
한 몸으로 달빛 속을 거닌다

발을 녹여 버리고 정수리에 앉은 종각은
내 발만 믿는다
탑의 그늘을 마신다
어둑한 눈동자에 맑은 피가 돌고
쏟아지는 불화살을 삼키고
칼 바람 비켜 날리는 분신分身이 되어
얼음 덮인 고산을 단숨에 오르게 하고
이글거리는 사막도
가볍게 건널 수 있게 한다
숲은 그 향기에 몸을 말린다

# 일터

그대는 오페라 무대다
누구나 그 위에 꽃을 피우려 애를 태운다
별빛보다 높다 여기니
서슬 퍼런 칼날이 어깨에 얹힌다
움츠린 피를 다듬질하여
절벽을 헐어 하늘을 나는
리허설은 계속된다
철부지 내 발이 견고한 무대에 올라
꽃송이를 단 대장간 장인의 몸이
왜 그리도 떨렸는지
탯줄에서 놓친 젖줄을 이으려
휘젓는 풀무소리에
혼이 불 속에 녹아 들고 있다
어둡던 폐허의 땅이
달빛 출렁이는 일터로 일어서고
눈물로 뒤척이던 풀벌레가
푸른 무대 속을 달려가고 있다

# 친구

노을 속에 바람 이는 오월 어느 날
바람 없는 아파트 베란다 속에
물장구치던 네 목소리 메아리쳐 들린다
내 기억의 실타래를 풀어주듯
하얀 찻잔 위에 명주 보푸라기 같은
민들레 씨앗 한 톨이 둥 떠 있다
별빛을 노래하던 유년의 벗들과
동구 밖 풀섶에서 떠나온 지 오래다
눈 꼬리를 달고 날아 오른
민들레 홀씨가 먹구름 위에 앉아
발을 묻기도 하고
고비 사막에 그늘을 심으려 뜨거운 몸으로
칼 바람을 밀고 간 그대였는데
이슬에 젖은 모래 언덕에
살며시 몸을 내려 달빛과 함께 걸으며
바람 속에 얼굴을 그리고 있다

# 출항

비 내리는 새벽길을 연인이 걷고 있다
수미르 공원 앞을 지나
연안여객터미널에 들어간다
부둣가에 풍경화로 서 있는 두 사람
포장마차 카바이드 불빛아래
술잔 부딪히는 뜨거운 소리 잊지 못해
빗물을 삼키며 볼을 비빈다
계선주에 감긴 끈이 풀리고 있다

벼랑 끝에선 천년송같이 바라보는
여인의 가슴이 흰구름 같다
이물이 쏟아지는 물결을 본다
눈이 젖은 고물이 흔들린다
너울거리는 뱃고동소리가
함께한 추억을 지우려는 아우성인가
갈 길 재촉하는 파도바람에 물안개가 걷히고
몸은 수평선 끝에 발을 넣는다

# 구름

초원을 지키던 목동이 땡볕을 걷다 못해
두더지같이 흙을 파고 든다
보이는 곳은 탄광막장이라 눈이 흐리다
석탄 나르는 철로가
숨을 틀 수 있는 외길인데
사무실 빈 책상 위에 남겨진 한 장의
사망진단서 백지 혼이
끝내 못 다 한 푯돌 하나 키우는
이슬이 되어 나른다
산턱을 돌던 천사 같은 실구름이
손끝에 혼을 날리며
먼 산 노을 빛에 꽃처럼 피어오르다가
오페라 무용수가 연민을 그려내는
소용돌이에 몰입하듯
어느새 한 몸이 된 먹구름이
그림자를 씻는 빗물이 되어
초원을 향해 온몸을 던지고 있다

# 직녀에게
## -아내

별빛 쏟아지는 어두운 하늘 속에서
은하수 건너가는
베 짜는 소리 들린다
베틀신에 묶인 부은 네 발이
허공에서 몸부림친다
올올이 떨어지는 칼날 속으로
온몸을 떨면서 지나온 북
씨실과 날실이
울부짖던 비바람 무늬를
없는 듯 삭혀내고
지나온 하얀 세월을 짜고 있다

깃털 뭉개져 한기가 오는 내 등에
두꺼운 명주조끼 덮어주고
멍든 발로 걷는 당신의 깊은 눈을
이제라도 석고상에 간직하고 싶다
뭉쳐둔 찰흙이

내 가슴 속에서 익어가는데
닿지 못한 손은 아직 떨고 있다

뱃고동소리에 젖은 방파제를
당신과 처음 걸었을 때
내 귀밑을 어루만져주던
검은 머리카락이
하늘이 내린 별빛처럼 하얗게
직녀가 된 당신이
지친 내 그림자에 눈길을 얹는다

# 단풍이 열리다

산을 넘는 구름이 황금빛 하늘을 품어
명상에 드는 시월이다
푸른 알몸으로 설악산 줄기를 매달고
한 여름을 삭혀온 카멜레온 잎새가
술잔 속에 빠져든다
녹아내리는 노을 잎에 비선대 취기가
피어오르는 물안개 꽃
죽음의 계곡을 적시는 물이 뜨겁다

굽어보던 달빛마저 오색에 물드니
걸음을 멈춘 지친 바람이
냇물에 뜬 무지개 빛 선당禪堂에
그만 넋을 잃는다
칼날같이 흐르는 강물에 피멍을 씻으며
붉은 눈물 흘리는 두견새
하늘을 외치다 떨어져
찢겨진 날개에도 길을 찾아 일어선다

# 새벽길

강물에 가만히 떠내려 보내고 싶은
겹겹이 쌓이는 지친 노동을
차마 버릴 수 없어
부처 같은 밤이 다가온다
화상 입은 내 눈썹을 소리 없이 덮어준다
풀벌레 우는 꿈속 벼랑에서
밤이 가고 있는 침묵을
은하수는 깊이 알고 있다

땡볕 속을 가고 있는 풀잎 끌어 모아
구름 위에 태운다
불길 따라 춤추는 초혼들
반딧불 이랑에 풀밭을 키운다
찬 이슬 내리는 풀밭에 앉아
별빛을 주워 담는다
모닥불 꽃이 핀 작은 새벽에
솔잎이 달린다

# 겨울 동백나무

붉은 입술로 웃고 있는 동백나무는
외출 나온 청동보살반가사유상이다

잎새 버린 가지들의 옷마저 벗기려
몰아치는 눈바람 속에
굳은 잎맥을 소리 없이 반짝이며
깊은 숨 품어내는 네 정열은
폭설의 언덕을 잊게 한다

네 눈빛은 체중을 다듬질하는
앙상한 가지들을 포옹하고 있다
허물을 벗기도 하고
제 상처를 잊으려
깊은 잠을 청하기도 하지만
몸 속에 굽이치는 뜨거운 맥박은
발을 뻗어 눈먼 흙을 깨우고
떨고 있는 나무들의 작은 발이 얼지 않게

뜬 눈으로 밤을 새운다

언 땅의 깊이 만큼 쌓인 피멍이
발끝에 동상으로 남아도
더 큰 봉우리로 밀어 올려
새로 눈뜨는 버들 강아지를 불러온다

# 자작나무숲

원대리 자작나무숲
사립문 틈새로 새어 나오는
밀어 중에
"솟대 같은 디딤돌"이란
전언만 들린다

함박눈 내리는 내린천 골짝을 몰래 열고
흩날리는 백발로 하늘을 그린다

달빛에 몸을 실어 깊은 생각에 잠긴 키다리도
비망록이 있다
수직으로 걸어가는 낮은 숨소리
모질게 태울 불어나는 살결
몸을 비워 하얗게 잊는다

햇살을 든 호수에 출렁이는 숲 속 폿대는
빙하를 녹여내는 얼굴

눈먼 날개들과 허공을 나누는 흔적이
말 잃은 내 가슴에 빛으로 든다

# 강물에 뜬 낙엽

떨고 있는 몸이 강물 위에 나룻배다
앞산머리 피안을 향해
바람이 노를 젓는다

무너진 몸 더는 갈 곳 없어
강물에 던진 노을이여
네 손금이 나약해
쥐고 있던 집을 벗었는가
하늘이 준 끈을 풀고
혼자서 먼 길 떠나려 함인가
누가 그대를
이별이란 자유 속으로
몰아 넣었단 말인가
한 길로만 걸어온 푸른 정취를
그토록 사랑했던 네가
숨결 바람에도 날리어
명상에 들고자 하는가

"달은 져도
 하늘을 떠나지 않는다"*

달빛에 몸을 말리는 나뭇잎 하나
손으로 건져 올려
별을 향해 노를 젓는다

*노자(老子)의 시 중에서
水流元在海(물은 흘러도 본디 바다 안에 있고)
月落不離天(달은 져도 하늘을 떠나지 않는다)

# 낮에 우는 귀뚜라미

어둠을 놓지 못할 바람 속에 있었단 말인가
밤새 울어버린 눈빛이 축축하다

태어나 울던 외침이
별 잎에 닿았는지
빛을 기다리며 울고 울었다

별을 향해 목청을 다듬었던 내가
젖은 날개를 접고
달빛 내리는 풀잎 위에 오래 머물렀다
목이 쉰 눈물로
굽어 뼈만 남은 다리가
햇살을 벗고 있는
잎새 심장을 끌어 안는다

먼 간격을 둔 북두칠성이 이제 보인다

구름 틈새로 빠져 나와 운무에 가린 낮달
강 건너 풀밭이 낯설지 않다
이슬 맺힌 이파리에
무지개 리듬이 출렁거리고
풀섶에서 맑은 물소리 반짝인다
태양에 촉수를 걸친 입술이
풀씨만은 삼킬 수 없어
"네순 도르마"*를 간절히 부르고 있다

*네순 도르마 : 이탈리아인 "루치아노 파바로티"가 부른 노래. 세계 3대 테너 가수의 한 사람

# '가이아'의 복수

아라비아 사막에서 걸어온 낙타가 남산에 올라
한강을 바라본다
허리 휜 영혼들이 낙타를 모르고
초점 잃은 얼굴로 걸어간다
눈이 헛돌고 있다
흔들리는 몸이지만 해파리가 아닌데
매운 향기로 펄럭이는 몸속에
몰래 숨어든 낙타의 침이
깊은 잠 속에 든다

장작불 위에 뛰는 무당의 칼춤이다
살을 찢는다 숨이 차다
불덩이 칼날이
간호사들 여린 손에 잡힌 채
나뒹굴고 있다
음압병실에 푸른 피가 끓는다
핏물 속에 솟아오르는 눈부신 등줄기에

몸 앗긴 메르스가
먼 길 떠나며 외친다

하늘이 부러지기 전에
태백산의 등줄기를 곧추세우라고

*가이아 : 그리스 신화에 나오는 대지의 여신으로 지구를 뜻한다

# 가창오리 떼

먼 산 노을 역광 속에서
검은 물음표들이 펼치는
거대한 군무群舞에
내 눈에 충혈이 든다

어찌 한 치의 부딪힘도 없이
움직이는 타원으로 수없이 변하고
무아경으로 그리는 그림에
넋을 앗긴 노을이 진다

푸른 길 위에 발자국을 얹기 위해
얼마나 많은 추락을 했던가

날아가던 수 천 수 만의 의문부호가
일시에 몸을 던져
고천암 호수에 마침표를 찍는다

하늘에서 허가 받은 거주지
제 날개를 펼칠 공간에
어김없이 귀가를 하다니
이것이 줄을 타는 재주인가
끈을 놓지 않으려는 몸부림인가

별빛 내려앉는 호수에
먹이 찾는 자맥질로
먼지 낀 날개를 털어내고
새 아침 동쪽 하늘에 솟아올라
풀지 못한 물음을 던진다

# 낙동강

누가 네 발목에 족쇄를 채울 것인가

포성이 몰려온들 떠나지 않는다
몸을 던진 별들을 쳐다 보면
다시 돌아 올 물길은 여기다
혼자 강둑길을 걷는다
별빛과 눈 맞추다 강물에 기대어
목이 잠기도록 외친다
강물이여 떠날 날을 잊었는가
하늘 속으로 걸어가는 푸른 눈빛에
내 거친 손을 얹는다
구름도 놓아버린 멍든 눈물에서
붉은 전율이 온다
저승에서 가져온 얼음을 녹이려
뜨거운 눈물을 가슴에 모아
투명하게 물길을 걷는다
목이 타는 여린 씨앗들을 두고

몸을 돌리지 못한 채
풀어 놓은 젖꼭지를
산 그리메가 물고 있다

억 만년을 살아온 은하수 따라
푸른빛을 하늘로 밀어 올린다
낙동강 물빛은 줄지 않고 흐른다

누가 네 발목에 굴레를 채울 것인가

# 낙화

백련사 골짜기를 물들인 동백꽃들이
눈 덮인 만덕산을 녹인다
두려움 없이 피었다가 지는 꽃이다
봄을 깨무는 가장 눈부신 순간에
모가지 째 떨어지다니

견디다 못한 환한 태양으로 삭혀진 몸이
밤낮으로 몰아치는 칼바람을
피어오르는 붉은 승무로
잠재우지 않았던가

무엇이 싫어 일시에 몸을 던지고 있는가
비릿한 강물이 역겨웠단 말인가

떨어져 뒹구는 눈빛이 처연하다
어떤 꽃도 따라 할 수 없는
눈 속에서 한 분신이다

식지 않는 혈흔이 나무 발등을 덮는다
빈 가지에 앉은 늙은 홍학이
상처로 얼룩진 문을 닫아 버린다
누구도 열 수 없게
고리를 물고
먼 하늘로 사라지고 있다

# 독수리의 발

별빛 속에 남긴 발자국에 서릿발 같은
핏물이 어린다

묵정밭을 가는 땡볕 속 황소같이
바닷가 낭떠러지 돌부리를 피해가며
죄인처럼 걷는 시지프스다

허공을 날고 있는 날카로운 눈
발톱 감춘 발을 매달고 가는 날개
강을 건너던 발이
잉어를 낚아채고
하늘을 향해 울부짖는다

"눈이 천리를 본다지만 발톱은
 핏줄까지도 건질 수 있다"

빗물에 찢어진 날개

가쁜 숨을 몰아쉬고 있는 독수리
진창에 지친 너는 걸어간다
네 그림자를 푸른 물에 띄우고
떠오르는 발이 되기 위해
벼랑 끝을 걷고 또 걷는다

# 빨랫돌

절룩이며 걸어온 아랫도리마저 벗어
견고한 돌 위에 얹는다

얼굴 붉힌 방망이가 아낙 손에서
빨래 춤을 추고 있다

'다닥땅탕 다닥땅탕'

적패積敗를 깨우는 산울림이
얼크러진 화음을
비누방울로 풀어나간다

비릿한 눈물이 매 순간마다
거품으로 재생된 늘어진 풍경이
강물 속에 비친다

치대이고 씻기고 흠씬 두들겨 맞아

줄에 걸린 오후가
순백으로 돌아온다면
등살이 헤어진 돌이 얼음에 잠기어도
뼈마디는 시린 아픔을 잊는다

# 산다화

꽃으로 된 어둠을 태우는 불길이다
날아오르는 나비 바람에
언 가슴을 녹인다

꽃봉우리 늘어진 자태가
누가 등 떠민 기색이다
힘에 밀린 처절함이다
차가운 피가 치솟는 화를
참지 못하고 꾸역꾸역 끌려 왔다
끓어오르는 그대만의 피맺힌 향기가
소리치기에
봄春은 기어이 오는가
깊은 겨울 아침에
그대 별이 펄럭이는 그대 가슴에
소리쳐 본다
산다화야, 산다화야…

# 비

내 한 점 흰구름이 되어
맨발로 내리는 동무가 되리라

푸석푸석한 흙 알갱이 사이로
살며시 스며들고 싶어라

내 동무가 가는 길은
울 엄마 손길이다
눈을 틔우고 젖을 물리고
엉덩이를 씻어주고
푸른 심장 소리가 들린다
목이 마르다
허기진 입김이 하늘로 날아오른다

내  한 점 흰구름이 되어
알몸으로 내리는
우주가 되고 싶어라

# 시인의 얼굴

마른 기억을 숨기기보다 싹을 틔우는
푸른 손이 되려고
깊은 밤하늘을 흔드는 얼굴

적요하게 흩어지는 달빛을 모아
하늘 정원을 가꾼다
검은 종이에 꽃물을 뿌린다
꽃들이 내뿜는 한숨을
삭혀 내고 있다

비탈진 아픔을 입김으로 불어내어
일그러진 산복도로를
멧비둘기 날개로 더듬는다

가슴을 끝없이 뛰게 한다
등 뒤에 붙어 있는
그늘을 지우려는

샛바람이 보이기에
눈빛이 죽을 수 없어
눈물을 흘린다

은하수를 건너가는 사공이 되려
아직도
눈에 별빛을 모으고 있다

# 아픔

먹구름 날리는 목탁소리 크게 들린다
맹인이 땅을 치는 울림이다
눈물도 얼어붙는 천길 어둠을
가슴으로 뭉개면서
고샅길을 걷자니 피가 뜨겁다
강변에 신호등 없는 건널목
회색벌판을 건너간다
몰아치는 바람이 고막을 덮는다
화살 같은 차에 부딪혀
쓰러지는 순간
검은 그림자는 재빠르게 사라진다
굽어보던 달빛 흐느낌에
질긴 숨을 돌린다
절뚝거리는 상처를 보듬고
강을 건넌 나루터 밑
떨리는 물결에 발을 씻고서
끝없이 걷는다 더듬거리며

긴 절벽을 엮어낸 하얀 빛살에
묵묵히
한 톨 싹이 걸어 나온다

# 기차를 타다

해안을 달리는 기차 객실 속에서
신성新星을 여는
아기울음소리 들린다

새벽을 들이키는 기적을 본다
오래된 금줄을
차창 밖으로 던진다
태반이 길러낸 시간이 달린다
수평선에 손을 얹고
소금기에 젖은 터널을 지나도
낙원에 닿지 못하는 몸
붉은 혀를
선반에 놓아 둔 채 열차는
노을을 창가에 흘리며
아직 다 헤지 못한 별을 향해
동해를 달린다